# DESPUÉS DEL BIG BANG,
# A VECES SE ENCUENTRA PAZ

ExLibric

MÓNICA ESCOBAR HIDALGO

# DESPUÉS DEL BIG BANG, A VECES SE ENCUENTRA PAZ

EXLIBRIC

ANTEQUERA 2024

**DESPUÉS DEL BIG BANG, A VECES SE ENCUENTRA PAZ**
© Mónica Escobar Hidalgo
Diseño de portada: Dpto. de Diseño Gráfico Exlibric

Iª edición

© ExLibric, 2024.

Editado por: ExLibric
c/ Cueva de Viera, 2, Local 3
Centro Negocios CADI
29200 Antequera (Málaga)
Teléfono: 952 70 60 04
Fax: 952 84 55 03
Correo electrónico: exlibric@exlibric.com
Internet: www.exlibric.com

ISBN: 979-13-87528-54-6
Depósito Legal: MA 2980-2024

Impresión: PODiPrint
Impreso en Andalucía – España

Nota de la editorial: ExLibric pertenece a Innovación y Cualificación S. L.

MÓNICA ESCOBAR HIDALGO

# DESPUÉS DEL BIG BANG, A VECES SE ENCUENTRA PAZ

*A mis padres,*
*por, al final, dejarme ser.*

*A mis abuelos,*
*por enseñarme, cuidarme*
*y nunca cuestionarme.*

*A veces, las mejores cosas*
*vienen después del caos,*
*de estar inmerso en un torbellino,*
*de nadar y no salir a flote,*
*de querer tener voz y que no te la den.*

*A veces, las mejores cosas*
*vienen después de la tormenta.*
*A veces, y solo a veces, lo mejor*
*viene después de lo peor.*
*Como a mí, que tuve que tocar muy hondo*
*para tener paz.*

*No te conformes, siempre puedes estar mejor.*
*Si no sabes poner orden a tus sentimientos, escribe.*
*Es la mejor terapia que puedes regalarte.*

# PRIMERA PARTE

El día que llovieron mares

y estaba descampado

# En (D)onde estés

Pasan los años, pero no el dolor.
Quiero gritar, quiero llorar,
quiero saber gestionar este vacío.
Te fuiste, pero no tus recuerdos.
Me dejaste, pero sin enseñarme a vivir sin ti.
Me llamaste, quisiste prepararme,
pero ¿cómo se prepara a alguien
para no volver a verte?
No se puede.

Demasiados recuerdos, están en todas partes.
Demasiado vivido, pero ya nada es compartido.
Solo quiero volver atrás, poderte abrazar,
despedirme de ti, pero no se puede.

Te fuiste, y aquí me dejaste, a la deriva.
Desde entonces, estoy flotando,
dejando que la corriente me lleve.
A veces, consigo fuerzas y nado.
Otras, en cambio, solo consigo subir
para coger bocanadas de aire.
Te fuiste, y la vida es una mierda.

Cierro los ojos y te veo sentado en tu sitio.
Me quedo en silencio
y escucho tus pasos lentos por el pasillo.
Vuelvo a cerrar los ojos
y ya no estás en tu sitio, te has ido.
Se vuelve a hacer el silencio,
pero ya no hay ruido.

Te echo de menos, tanto que duele.
Te necesito, tanto que me ahogo.
Yo solo quiero una última vez,
que me digas que todo va a ir bien,
que me quieres.
Yo solo quiero un último abrazo,
una última despedida.

Siendo honesta,
lo que quiero es estar contigo.
Te echaré de menos todos los días.
Te recordaré todos los días.
Y, a lo mejor, después de mucho tiempo,
llegue el día en que tu recuerdo
sea menos doloroso.
Alomejor pasa un día
y no estuviste en mis pensamientos.
Cuando llegue ese momento,

me odiaré porque haya sucedido,
pero nos alegraremos,
porque estaré más cerca de poder ser feliz.

# No lo sabía

No sabía que tu pérdida
traería otras muchas pérdidas.
No sabía que tu pérdida
venía de la mano de la mía.
No sabía que tu pérdida
me dejaría tan vacía, tan perdida.
No sabía que eras quien me mantenía.
Quise aceptar todo lo que venía,
pero, joder, cómo dolía.

Cerraba los ojos y te soñaba.
Los abría y te pensaba.
Quería hablarlo con alguien,
pero de mí pasaban.
Probé con visitarte,
pero eso tampoco funcionaba.

Regresé a nuestro hogar,
necesitaba algo que encontrar.
Necesitaba lo que me prometiste
que me ibas a dar.
Lo removí todo,
pero ya no quedaba nada en ese lugar.
Tenía que sacar fuerzas para continuar.

Me siento en un laberinto,
no sé hacia dónde girar.
Me estoy volviendo loca, buscando alguna señal.
Quiero escapar de aquí, encontrar el final.
No quiero más pasos en falsos,
quiero saber dónde buscar.

Hazme de guía, no me tortures más.
Llévame contigo, aquí no quiero estar.
Los días son largos, las noches dolorosas.
Los días son cuesta arriba, las noches tenebrosas.
Quiero estar en tus brazos y que no duela más.

# DOLOR, DOLOR, DOLOR, DOLOR, DOLOR, DOLOR...

Dolor, siento como si me desgarrasen por dentro.
Para ser honestos, ojalá estuviese sucediendo.
No consigo enfocar ningún pensamiento,
pero siento que estoy enloqueciendo.

En nada me puedo concentrar.
Es el dolor el que ocupa todo el lugar.
Otra vez empiezo a ocultar.
No es por nada, es que no os quiero preocupar.

Los ojos me empiezan a quemar.
Lágrimas se me empiezan a amontonar.
Yo en otra cosa me intento concentrar.
Es en vano, mis lágrimas se empiezan a derramar.

Al dolor rápidamente le sucede el miedo.
Nunca había experimentado estos acontecimientos.
Noto cómo tiemblan todos mis cimientos.
No consigo calmarlo ni escribiendo.

La sensación es de una fuerza mayor
que quiere sacarme lo peor.
Que me haga daño hasta sanar el dolor,
que solo así podremos estar mejor.

La siento como una gran oscuridad.
Me quiere en sus redes atrapar.
O puede que ya sea de su propiedad.
Tiene una gran maldad.

Aún siento fuerzas para no sucumbir.
De momento, no me voy a herir,
pero lo pienso y me hace feliz.
Siento que más de uno vamos a sufrir.

# LLORA, NIÑA, LLORA

Llora, niña, llora.
Deja que tus lágrimas corran.
Llora, niña, llora
hasta que dejes de estar rota.

Miras al cielo estrellado,
aunque ahora sin nadie a tu lado.
Ya no hay nadie en su butaca sentado
y todo se ha vuelto nublado.

Quiero gritarle al mundo.
Necesito volver a estar juntos.
Mi corazón dejar de ser un vagabundo.
Quitadle el final a ese punto.

Llora, niña, llora.
Deja que tus lágrimas corran.
Llora, niña, llora
hasta que dejes de estar rota.

Como calcetín desparejado,
como viuda que no tiene amparo,
como virgen sin su manto,
en estos símiles me veo reflejado.

Como un jilguero sin su canto,
como un bebé sin su llanto,
como una peli de miedo sin espantos.
Así se siente no tenerte a mi lado.

# AL ENDURO

Al enduro,
no vale un duro,
¿Sobre cuántas?
Sobre diez,
un, dos tres.
Yo quiero jugar otra vez,
volver a esos días donde no había estrés.

Con un seis y un cuatro hago la cara de mi retrato.
Menudo recuerdo tengo grabado.
Y es que no está pagado
todo lo que me has enseñado.

La persona más buena, sencilla y bella
la tenía yo como abuela.
Y aunque ya no estamos cerca,
en mi corazón te has ganado un hueco
donde está grabado tu nombre a fuego.

Con una aguja y un hilo
toda una vida has tejido.
Y a mí los ojos se me llenan de brillo.
cuando con tu manta yo me abrigo

# TE FUISTE

Te fuiste, rápido,
como quien no quiere perder el tiempo.
Desde ese momento me quedé sin aliento.
Te fuiste, sin remordimiento, orgulloso,
porque sabías que habías dejado
tu huella en el tiempo.
Te fuiste y todavía sigo sin poder creerlo.
Te fuiste y no miraste atrás.
Desde entonces, nada es igual.
Tu casa dejó de ser mi hogar,
ese hogar que era mi fortaleza.
Grandes muros que me defendían
de lo que había fuera.
Ahora me quedé sin armadura.
Con tu pérdida quedé expuesta, vulnerable
y, la verdad, no es agradable.

# SE APAGÓ

Ella, que con su sonrisa
iluminaba hasta las estrellas,
al final se fue apagando como una vela.
Solo la rodean las tinieblas,
tinieblas por donde vagan miedos.

La gente se pregunta qué fue lo que le pasó.
Ilusos, al no saber cuál era la razón,
si ha vivido haciendo su mejor interpretación,
escondiéndose tras su gran caparazón.

Siempre escondía lo que sentía
y, sonriendo, se la veía tan bonita…
Nunca supieron que llevaba una gran mochila,
tan grande que iba arrancando su vida.

«Todo saldrá bien», se repite como un mantra,
aunque solo ella sabe cómo quisiera que acabara.
Aun así, no quiere hacer daño
y un ápice de fuerza está ganando.

# TICTAC

Me siento como una bomba a punto de estallar.
Salid corriendo, que os va a salpicar.
No os quiero dañar.
Tictac, empieza la cuenta atrás.

Ahora soy todo escombros.
No hay equipos de salvamento
que vengan a mi socorro.
No sé de qué me asombro.
Aun así, se me escapa un sollozo.

A lo lejos oigo una voz familiar.
Me dice que ella no me va a abandonar.
En eso decía toda la verdad.
Bienvenida de nuevo, ansiedad.

Ya no aguanto más.
Mamá, papá, venidme a ayudar.
He perdido las fuerzas ya, me cuesta respirar.
Venidme a abrazar, no me volváis a abandonar.
He perdido las fuerzas ya,
otro día amenaza con empezar.

# TIEMPOS

Y le di una calada al cigarro,
larga,
como el tiempo que pasó desde que te fuiste.
Y le di un sorbo a mi vaso de whisky,
corto,
como el tiempo que pasamos juntos.
Y fingí una sonrisa,
en vano,
porque se me derramó una lágrima.
Disimulo limpiándola con la mano.

# AÚN TE RECUERDO

Aún recuerdo tus besos.
Eran tiernos, de duración precisa,
pero, sobre todo, eran tuyos.
Aún recuerdo tus abrazos.
Eran fuertes, de esos que calman los males.

Aún recuerdo tu voz,
esa que ya nunca me va a llamar,
que no me va a decir más «te quiero»,
que no me va a preguntar «¿qué tal?».

Aún recuerdo tus pasos.
Eran lentos, pero firmes.
Aún te recuerdo, y eso duele.
Duele saber que no tendré nada tuyo,
solo recuerdos.

Recuerdos que se desvanecen,
que pierden nitidez, que desaparecen.
Recuerdos que, sobre todo, duelen.
Duelen y no lo quiero.
Quiero recordarte para ser feliz,
para saber cuánto privilegio he tenido
al tenerte en mi vida.
Quiero recordarte y ser feliz.

# MI LUGAR FAVORITO

Suena el timbre, solo un momento.
Se abre la puerta, ya estoy dentro.
Suelto el aire, se relaja el cuerpo.
Ya no hay miedos, estoy en mi templo.

# Temporal

Y yo, que me encuentro en medio de un temporal,
que solo quiero una voz conocida,
unos brazos amigos
y que se ponga conmigo a remar,
me da igual si llegamos a algún puerto.
También el final del cuento.
Solo quiero notar que, por una vez,
en esto no hay soledad.

# QUÉ SABRÁN

Y qué sabrá la gente de echarte de menos,
de vivir sin tus besos.
Qué sabrá la gente del infierno,
si no han vivido sin ellos.

Y qué sabrán ellos de noches sin estrellas,
si han vivido siempre con ellas.
Qué sabrán de corazones sin latidos,
si nunca han estado contigo.

Y qué sabrán lo que es querer,
si no lo han podido hacer.
Qué sabrán de entenderse con miradas,
si viven con la luz apagada.

Qué sabrán, si no han vivido
para estarte agradecidos
de poder haber compartido
contigo todo lo bonito.

Y qué sabrán, si no han tenido
un abuelo que era amigo.
Qué sabrán de sentirse consentido,
si no te han tenido.

Y qué sabrán ellos
de sogas al cuello,
si no han pasado por esto.
Qué sabrán, si no han sabido
lo que es echarte de menos.

# CORAZÓN SIN VIDA

Es una discusión
entre mente y corazón.
¿Quién será el vencedor?
Yo ya tengo ganador.

Uno dice que pare,
que de amor no ha muerto nadie.
Otro dice que siga,
que no podemos poner fin a la partida.

Decidme a quién hacer caso,
cuál va a ser el siguiente paso.
Esto va a ser un fracaso.
La mente se apunta otro tanto.

Un combate en mi interior.
¿Quién será el superior?
Alguien saca bandera blanca.
Pobre corazón, descansa.

# PROMÉTEME

Prométeme que volverá a haber un nosotros,
que nos volveremos a mirar a los ojos.
Prométeme que nos volveremos a coger las manos,
a fundirnos en un abrazo.
Prométemelo, pues lo necesito hoy.

Solo tú me sabes espantar los males,
hacer que mi mente pare.
Solo tu recuerdo me hace llorar a mares,
que no hay quien me pare.

Prométeme que volveremos a ser uno,
que no nos separarán mundos.
Prométeme que derribaremos muros,
que disfrutaremos juntos.
Prométemelo, lo necesito hoy.

Solo tú me hacías la niña más contenta.
Tu sonrisa quitaba mis penas.
Iluminabas mis noches como la luna llena.
Solo tú me hacías la niña más plena.

Prométeme que todo va a ir a mejor,
que ya ha pasado lo peor.
Prométeme que dejaremos de ser dos,
que cesará este sinsabor.
Prométemelo, lo necesito hoy.

# HOY

Hoy todo me recuerda que no estás,
que no te veré más,
que mañana no te iré a visitar,
que no espere, porque no me vas a llamar.

Hoy nadie sabrá que te pensé,
que incluso te lloré,
que tu recuerdo no me hace bien.
No sabrán que no te olvidé.

Hoy, que han pasado tantos años,
que el recordar sigue haciendo daño,
que en este juego no hay amaño,
que te has ido de mi lado.

Hoy, que tu garrota sigue colgada,
que ya no te arroparás con tu manta,
que la televisión se mantendrá apagada,
que las ventanas permanecerán cerradas.

Hoy nadie sabrá que no quiero vivir sin ti,
que te necesito aquí,
que si es así, yo también quiero morir,
que me duele tanto sufrir.

Hoy nadie te ha vuelto a mencionar.
Tus ojos no los han vuelto a recordar.
Tus palabras quedaron en el olvido ya.
Hoy te quedaste atrás.

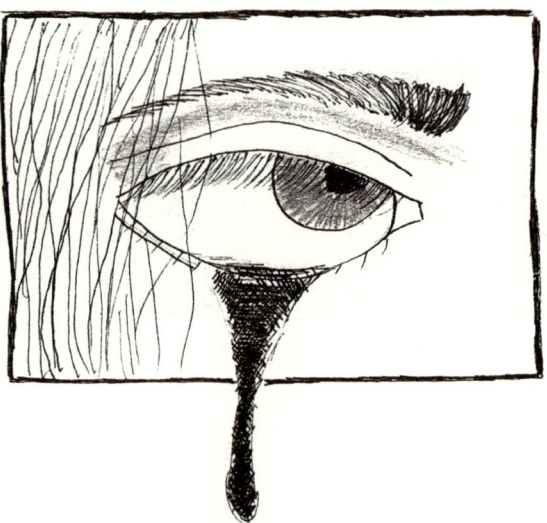

# AYER

Ayer fue mi cumpleaños.
Me hizo pensarte más de la cuenta.
Un pensamiento doloroso
que roza lo enfermizo.

¿Cómo hago para olvidarte?
La verdad, ni puedo ni quiero.
¿Cómo olvidarme de quien me hizo feliz,
de quien no me quiso cambiar,
sino que me quiso tal cual?

El dolor ahora es llevadero,
pero hubo un tiempo
que me hizo enfermar.
No le encontraba el sentido,
me hizo perder el sentido.

Ahora acepté que ya no vas a estar conmigo,
que te he perdido,
pero, aun así, no quiero no estar contigo,
te necesito.

¿Por qué la vida no es justa?
Te quitaron de mi lado.
No lo había ni asimilado
y me tocó soltarte de la mano.

Espero con entusiasmo el día
que se crucen nuestros caminos,
que volvamos a ser uno
y dejar este mundo.

Este mundo que solo guarda dolor,
que nos privó de ser los dos,
que me dejó un gran sinsabor.
Aun así, te juro que no hay rencor,

que solo quiero dejar el dolor atrás,
mirar al cielo y encontrar tu señal,
saber que nos volveremos a encontrar,
que no me persiga ningún mal.

# Te he soñado

Hoy te he soñado
y con un grito desgarrado
me he despertado
y al no verte, se me ha escapado un llanto.

Soñaba que estábamos juntos,
pero ahora que estoy otra vez en mi zulo,
se vuelven a hacer los nudos,
otra vez aprieto los puños.

Hoy te he soñado,
y si algo tengo claro,
es que no te he olvidado,
porque despertarme me ha hecho daño.

Hace daño porque vuelve la soledad.
Me invade la oscuridad.
Duele tanto que me empiezo a arañar,
a ver si sangrando se calma esta ansiedad.

Pero solo podría calmarme tu compañía.
Por ti yo resistía
todo lo que venía,
aunque me dejara consumida.

Y resistir ahora, ¿para qué?,
si sé que no te voy a tener.
Y claro que me va a doler.
¿Cómo pretendes que no lo vaya a hacer?

Solo me queda luchar
para que la pena no me vuelva a arrastrar,
en el destino confiar
y soñar con que nos volveremos a juntar.

# PARA QUÉ

¿Cómo no va a llorar la luna,
si sale y lo ve todo a oscuras?
Que desde que te fuiste no tiene amparo,
porque ya no te tiene a su lado.

¿Cómo van a florecer las flores,
si ya no tienen pelo que adornen?
Porque desde que te has marchado
todas se han marchitado.

¿Cómo no voy a derramar lágrimas,
si ya no consigo pasar de página,
si ya todo me da nostalgia,
si la vida perdió su magia?

¿Para qué van a salir las estrellas,
si no hay quien te haga competencia?
Desde que te uniste a ellas
las anulas con tu existencia.

¿Para qué vamos a empezar un nuevo día,
si ya no hay quien alegre las vidas
con toda esa alegría

que tú desprendías?
¿Para qué vamos a continuar,
si no vamos a poder juntos nada celebrar?
No vamos a volvernos a juntar,
tus ojos no volverán a mirar.
Desde luego que para qué seguir,
si ya no voy a volver a ser feliz.
Probablemente los ojos no me vuelvan a sonreír,
porque ya no tengo con quién reír.
«La vida es así», me dicen por ahí.
Que claro que tengo que aprender a vivir sin ti,
pero yo no quiero una vida así.
Me gustaba poderlo contigo todo compartir.
Por favor, poneos en mi lugar.
Es que he perdido todo mi hogar.
Ya no sé hacia dónde remar,
puede que vaya a renunciar.

# ROJO

La suerte, el azar.
¿Con cuál me voy a quedar,
si no tengo la suerte de tenerte
y, a lo mejor, el azar no nos quiere
volver a juntar?

Taquicardias, mareos, mirada borrosa.

La magia, lo real.
¿Con cuál me voy a quedar,
si la magia no nos va a volver a juntar
y lo real no me deja pensar
que nos volveremos a cruzar?

Todo se acelera, pero yo no me puedo mover.

Lo humano, lo visceral.
¿Con cuál me voy a quedar,
si lo humano no me va a hacer calmar
y lo visceral solo va a hacer que sangre?

Sí, que sangre.
Que sangre, porque así puedo soltar,
dejar lo malo que salga,
que no me vuelva a estallar.

No, la sangre no.
Esa que no os gusta,
que mis heridas vais a evitar mirar,
que objetos punzantes vais a ocultar.

Falta de aire, flaqueza, todo da vueltas.

Lo racional, lo irracional.
¿Con cuál me voy a quedar,
si lo racional no me deja fantasear
y lo irracional puede que me haga daño de más?

Ojos rojos, inyectados en sangre.
Brazos rojos, tapados por la sangre.
Que sí, que no os gusta.

Pensamientos intrusivos, ruido mental.

La alegría, la tristeza.
¿Con cuál me voy a quedar,
si la alegría no me viene a visitar
y la tristeza no se quiere marchar?

Nube gris, falta de colores.
Todo es rojo y gris.

# EN MEDIO DE LA GRAN CIUDAD

Estoy en medio de una gran ciudad,
rodeada de gente,
pero siento la soledad.
¿Por qué no me vinisteis a visitar?
¿Cuál era ese plan?

Estoy andando por las calles de esta gran ciudad
y no hay farolas que alumbren mi oscuridad.
¿Por qué me tuvisteis que abandonar,
si erais todo mi hogar?

Estoy llorando sentado en un banco de esta gran ciudad.
Nadie se para a preguntar cuál es mi mal,
si me pueden ayudar.
Pero desde que no estáis,
no existe consuelo ni brazos que me puedan calmar.

Estoy cantándole al cielo
para ver si así empieza a brillar
y se me encienden los ojos,
esos que su luz os llevasteis con vosotros.

Mientras canto, siento una gota
y me invade la felicidad.
Con qué poquito me suelo conformar.
Solo me hace falta saber dónde poderos encontrar.

# AYÚDAME

Ayúdame a borrar este pensamiento,
porque no me quiero ver inmerso
en todo esto que siento,
que me deja hasta sin aliento.

Ayúdame a encontrar una salida,
a que consiga salir del pozo,
a verle el sentido a mi vida
a no sentirme tan solo.

Tiéndeme tu mano,
acúname en tus brazos.
Dejadme ser parte del rebaño,
no me abandonéis por raro.

Quiero sentirme amado,
dejar de notar vuestros dedos señalando.
Quiero sentirme querido,
no sentirme tan herido.

Porque la herida no cicatriza,
y mira que la curo con Cristalmina,
pero cómo va a cerrar si me la abro cada día:
es lo único que me da alegrías.

Puede sonar triste,
o puede haceros daño,
pero dime cómo se reviste
una pena de tantos años.

Puede que no queráis mirar.
Incluso me querréis gritar,
ayudar para que no me vuelva a dañar.
Os juro que esto tampoco entraba en mi plan.

Pero no asimilo
que te hayas ido.
Y mira que todas las noches miro
por si ese día lo acabo contigo.

No hay día que mi cabeza de tregua,
que mi corazón no se salte un latido.
No hay noche que duerma,
que mis ojos descansen tranquilos.

No hay abrazo que cure esto,
ni palabras que cambien lo que siento.
No hay vidas para superar
lo que no se puede olvidar.

# DIME CÓMO

Pongamos que quiero olvidarte,
que tu recuerdo no me haga dañarme.
Pongamos que quiero volver a ser feliz,
a no parar de reír.
Pongamos que quiero soltar,
que lo malo quede atrás.
Pongamos que lo quiero,
pero es que me estaría mintiendo.
Me mentiría porque no sería capaz de olvidarte,
si solo hago recordarte.
Me mentiría porque sin ti no hay alegrías,
ni de noche ni de día.
Me mentiría porque no quiero dejarlo estar.
Será que quiero vivir de tus recuerdos,
alimentarme de todo lo que hemos vivido,
soñar con cada momento juntos.
Será que quiero todo eso y más,
porque cómo no lo voy a querer,
si siempre me supiste ver,
siempre me dejaste ser,
nunca me quisiste cambiar,
siempre me quisiste tal cual,

sin ponerme peros,
sin hacerme de menos.
Con todo esto,
cómo te voy a querer olvidar.

# No tengo más

Tengo guardado en mi corazón
una caja de recuerdos,
para cuando me venga tu voz
abrirla y llenarme de todos ellos.

Tengo guardado en mis retinas
los últimos momentos.
Así, cuando cierre mis ojos,
te veré y podré decir
que nunca es la última vez.

Tengo guardado en mi mente
todos tus consejos,
para cuando me sienta perdida
quedarme en silencio
y escuchar tus sabias palabras.

Tengo, ¿qué tengo?
La verdad es que ya no tengo nada
Vivo de recuerdos, de momentos, de palabras.

Pero ya no te tengo.
No tengo más recuerdos nuevos.
Me conformo con los viejos.

No te tengo.
Ni tengo momentos nuevos.
Me conformo con los que guardo.

No te tengo.
Ni tengo palabras nuevas.
Me conformo con las escuchadas.

Pero no te tengo.
No,
y me tengo que conformar.

# TE VI

Hoy te vi y no supe muy bien qué decir.
Quizás porque sabía que no era real,
que cómo iba a ser cierto que me vinieras a buscar,
si tienes que estar tan ocupado,
siendo el rey de aquel lugar.
Qué suerte deben tener los que de ti
se hayan querido rodear.

Hoy te vi y no supe a quién decírselo,
porque sé que no me iban a creer.
Pero créeme que yo hasta te escuché.
Sentí tu mano recorriendo mi pelo.
Noté cómo querían
que nos fundiéramos en un abrazo.

Supe que eras tú antes de verte, porque sí, te vi.
Lo supe porque la habitación se llenó de tu brillo,
ese que da esperanza, que calma, que abraza.

Ayer te vi y no supe muy bien qué decir.
Cómo no lo voy a saber,
si desde que te has ido,
tengo hojas llenas de cosas que decir,

cosas que compartir contigo,
cosas que iría corriendo a contarte.
Pero ya es demasiado tarde.

Hoy te vi y te juro que no supe qué hacer.
Solo supe sonreír y guardarme
el recuerdo en mis retinas,
porque no sé si esto va a volver a suceder.

Aunque no entiendo cómo me callé un «te quiero»,
cómo no te dije todo lo que te echo de menos,
cómo fui capaz de callar todo lo que te quiero decir.
La verdad es que me quedé
sin saber muy bien cómo actuar.

Porque sí, hoy te vi,
y no me lo esperaba.
Me pilló con la guardia baja,
pero me dio esperanzas.

He sentido que de esto puedo salir,
que aunque a veces quiera huir,
nunca me vas a dejar caer,
siempre vas a estar para hacerme de sostén.

# SEGUNDA PARTE

Lo que callé hasta que no aguanté

# Tras el telón

Esta del espejo no soy yo,
estoy haciendo mi mejor actuación.
Me siento como un camaleón,
ya no sé cuál es mi color.

«No exageres», decían.
«No llores», imponían.
«No rías tan alto», maldecían.
Y mientras, mis muros construía.

A solas lloraba, reía, sentía, fluía.
Entre la gente, sobrevivía.
A solas me abrazaba, me comprendía, me quería.
Entre la gente, subsistía.

A solas se acababa la función.
Entre la gente era el mejor actor.
A solas todo era emoción.
Entre la gente, un papelón.

El desenlace es el peor.
Aceptas la invalidación.
Lo más importante es su opinión.
Ya sabes dónde está el error.

Ya no hay aplausos que avisen del final.
Esta es tu nueva realidad.
El director que gritaba «corten» no está.
Acepta tu nueva personalidad.

# SIN PREMEDITACIÓN

Siento la necesidad de desaparecer.
Me he convertido en mi propio rehén.
No sé cuándo empezó todo a oscurecer,
pero no me encuentro bien.

Ansío exprimir todos mis sentimientos.
No quiero tener ningún miramiento.
Soltar hasta mi último aliento.
Acabar con este sufrimiento.

Quiero abrirme en canal,
aunque todo salga mal.
Esta situación es insostenible ya,
necesito que se sepa mi verdad.

No quiero que suene a venganza.
Mucho menos que estoy reprochando nada.
Solo quiero conseguir que venga mi calma.
Lo siento si suena a amenaza.

No estoy buscando un perdón.
Solo quiero darme voz.
No guardaros más rencor,
que se calme todo el dolor.

Parece que se me escapa algo de valor.
En verdad no,
solo ha sido un acto de desesperación.
Pero me siento mucho mejor.
Se me hace más fácil la respiración.

Noto que mis pensamientos
vienen acompañados de menos amargura.
Quizás en soltar estaba mi cura.
Puede que ahora desaparezcan las brumas,
que me sienta con algo más de fortuna.

# PEQUEÑA NIÑA

Pequeña niña de la sonrisa eterna,
que ríe sin conocer qué son los problemas.
Pequeña niña de mirada plena,
¿qué ha pasado para que ahora escondas tanta pena?

Pequeña niña que sueña hasta estando despierta,
que tu imaginación no conoce de barreras,
la que nunca se puso fronteras,
¿qué ha pasado para que ahora ni duermas?

Pequeña niña de corazón inmenso,
que tus brazos siempre están abiertos.
Pequeña niña de ojos intensos,
¿qué ha pasado para que ahora no quieras ni besos?

Pequeña niña de gran mundo interno,
que emana sentimientos,
que no conoce de silencios,
¿qué ha pasado para que ahora repudies de ellos?

Pequeña niña que nunca calla,
que no se achanta,
que con cada caída se levanta,
¿qué ha pasado para que se te vea tan apagada?

Pequeña niña que apagaron tu fuego,
que te privaron de tu recreo,
no llores, porque no ha llegado el final del juego.
Te prometo que saldremos de todos nuestros bloqueos.

Pequeña niña que por fuera viste de luto,
que te arrancaron lo que es tuyo,
que se creyeron muy astutos,
no te preocupes, porque te prometo
que recogeremos todos nuestros frutos.

# CÓGEME FUERTE

Ojalá nos hubieras cogido fuerte,
o nos hubieras usado de puente,
para que no te arrastrase la corriente.
Ojalá te pudiéramos haber servido de fuerte.

Qué absurdo esto de escondernos
por miedo a no entendernos.
Intentas conciliar el sueño,
pero, mira, ya está amaneciendo.

Yo no soy quién para juzgar.
Demasiados demonios tienes con los que luchar.
Solo quiero poderte ayudar,
que tengas miedo y te pueda acunar.

Ahora ya se nos hizo tarde.
Todos estamos en situación de alarme.
No quiero que tu voz nunca más me llame.
Espero que todo esto no te arrastre.

Te queda tanto por vivir…
Tantos momentos en los que ser feliz,
derramar lágrimas, pero esta vez de tanto reír.
Aférrate a eso, no quiero que llegue tu fin.

# YA NO MÁS

De verdad que quiero perdonarte,
poder olvidarte,
decir que no me dañaste,
pero sería en balde.

Sería en balde,
porque en las noches arde
el deseo de no soñarte,
de no volver a recordarte.

Porque recordarte, ¿para qué?,
si solo me produces estrés.
¿Es que no ves
que no te quiero ni ver?

Porque si te veo,
algo en mí se pone feo.
Puede que eches de menos
el hacerme de menos.

Pero yo sin ti soy feliz.
Qué ilusión que no quiera huir,
que me quiera quedar
donde está mi hogar.

Hace rato que tu página he pasado,
que yo ya me he encontrado.
Detrás de tu culo ya no ando.
Ya no soy tan blando.

Que sí, que nos hemos cruzado.
Que no, que no te he mirado.
Es que ya te tengo superado
y eso a ti te ha dañado.

Pues quería seguir haciendo daño,
pero yo ya no me callo.
Un poco sí he cambiado
y tú lo estás notando.

Qué alegría que no esté en tu red,
que no vaya a haber una segunda vez.
Quisiera gritarte «que te den»,
que ya no soy tu rehén.

# YO Y MIS MIEDOS

Yo, que hablo el idioma de los miedos,
que cargo con cadenas de acero,
que te he servido de alimento,
que la mayoría de veces me dejabas sin aliento.

Yo, que crecí con el lenguaje del miedo,
haciendo de su idioma mi lengua materna,
convirtiendo su legado en mi verdad eterna,
creyéndome que es eso lo que merezco.

Yo, que puse nombre a todos mis miedos,
que oigo las cadenas al andar como sonajeros,
que no quiero servirte más de sustento,
que solo quiero que pase este momento.

Tú, que me hiciste crecer haciéndome de menos,
sin querer poner peros,
acostumbrada a echarme de menos,
sin saber ser como ellos.

Tú, que me hiciste entender el dolor.
Pese a ello, no te guardo ningún rencor,
sabiendo que era alguien inferior,
sin pretender nunca ser la mejor.

Yo, que te quise guardar bajo la alfombra.
Tú, que te reías desde las sombras.
Yo, que te quise meter en el fondo del armario.
Tú, mientras, preparando mi propio calvario.

Yo, que sin quererlo te di todo mi lugar,
que si lo hubieras pedido, te habría hecho un altar.
Tú, que supiste tan bien tus cartas jugar,
tanto que me dejaste sin espacio que ocupar.

# VIVO

#
Vivo entre caos,
pero es organizado:
por el día miedos,
por la noche celos.
#

# PERDÓNAME

Perdona mi intensidad,
pero nunca he sabido estar contenta
sin reír a pleno pulmón.
Nunca te he sabido querer a medias.
Nunca he sabido mirar una puesta de sol
sin emocionarme.
Nunca he sabido ser a medias.

# QUISE

Quise ser gris, colores neutros,
sin saber que era del color de los arcoíris.
Quería el frío, el invierno.
Yo, que me encantan las flores.

No quería sentir.
Yo, que me emanan sentimientos.
Tenía mi careta, mi personaje.
Yo, que me encantan los disfraces.

Quise echar raíces.
Yo, que lo que me gustaba es alzar el vuelo.
Quise ser como ellos.
Yo, que ni me parezco.

# VUESTRA ELECCIÓN

Estoy inmersa en un túnel de oscuridad.
No encuentro ninguna luz que me enseñe algo familiar.
Me encuentro sola en mitad de este vendaval.
Ni mamá ni papá están viniéndome a salvar.

Me quedo en mitad sin hacer ningún ruido.
Tampoco veo acercarse a ningún amigo.
Ojalá una voz que me dijera «yo te cuido».
Me quedo abrazándome las piernas en el mismo sitio.

¿Por qué no lo supisteis ver?
¿Acaso tan difícil es?
No lo puedo entender.
Qué pena que no me dejarais ser.

Toda una vida entera sin ser yo,
siempre en busca de vuestra opinión,
como si vosotros fuerais mejor.
La verdad es que no tenía ningún error.

Toda una vida buscando el qué cambiar,
como si en serio fuera verdad
que algo en mí estaba mal.
Menos mal que tú me querías tal cual.

Ahora he aprendido a quererme.
También a dejar de verme
como si fuera un bicho verde.
Podéis elegir, o no, entenderme.

# Hada madrina

Ponme un chupito, que quiero alcohol,
no ser presa de mi autocontrol,
encontrarme dentro del montón,
beber hasta perder la visión.

Mi querido analgésico emocional
siempre camuflando cualquier mal,
olvidándome de ser racional,
haciendo que mi único miedo sea que llegue el final.

Esta noche no quiero seguir ningún plan.
Quiero moverme al ritmo del compás,
sentirme uno más,
sonreír y que me ilumine un flash.

Me pienso soltar la melena,
que no me acompañe ninguna pena,
mear entre dos coches en la acera,
comerme restos fríos de la cena.

Me siento como la reina del baile.
No hace falta que de mí nada cambie.
Me hace sentir una sensación agradable

no sentirme tan miserable.
La fiesta es mi hada madrina,
aunque esté llorando a lágrima viva.
Llega la noche para cambiar mi día,
recubre toda esta mierda con purpurina.

Sin embargo, el hechizo tiene su momento.
No acaba con el sufrimiento,
solo pospone el tormento.
Volvemos a nuestro encarcelamiento.

Bonito remolino en el que estuve metido.
Todo por quererle encontrar el sentido,
por pensar que yo era el motivo,
por querer ser querido.

Ahora no quiero estar en el foco.
Me da igual no seguirte el rollo.
Aunque por las noches también lloro,
he aprendido a quererme un poco.

# LO PROMETO

Me voy a regalar un ramo de flores
con una tarjeta en un sobre,
para que cuando llore,
estas letras mis malos pensamientos borren.

Me voy a poner de gala,
para que en las noches largas,
en las que sienta que la ansiedad me habla,
sentirme menos amarga.

Me voy a poner primero
y si alguien tiene algún pero,
no dejarle que abra la boca,
porque su opinión vale cero.

Me voy a quitar las penas
con una cena a la luz de las velas,
donde una leve música resuena
y moverme al compás de ella.

Te prometo que no voy a mirar atrás.
Voy a pensar que el futuro la pena valdrá.
Ya no quiero que llegue mi final.
Ya no me quiero camuflar.

Te prometo que voy a ser feliz,
que a carcajadas me voy a reír,
que a ningún sitio me quiero ir,
pues he encontrado mi lugar al fin.

Te prometo que me voy a querer,
que ya no voy a enloquecer,
que no querré más desaparecer.
Al final, yo me encontré.

# OJALÁ

Quiero pensar que ahora me toca a mí,
que voy a dejar lo malo atrás,
que no me va a volver a arrastrar,
que esto ha llegado a su fin.

Quiero pensar que los ruidos cesarán,
que nadie más me vendrá a visitar,
que no volveré a alucinar,
que esto ha parado ya.

Te prometo que lo quiero pensar,
pero qué hago si lo busco sin cesar,
que necesito que me vengan a buscar
para volvernos a encontrar.

¿Qué creéis, que me quiero dañar?
¿Que me gusta verme sangrar?
¿Que no me duele veros llorar?
¿Que no me gustaría parar?

Pero en mi cabeza tú no estás.
No sabes todo lo que me quiere hablar.
Ojalá pudiera callas las voces,
pero dime tú de dónde.

# CUANDO FUI PEQUEÑITA

Cuando era pequeñita, no me dejasteis ser,
y ahora que estoy empezando a crecer,
no sé cómo hacer para querer,
porque siempre viví sin poderlo hacer.

Cuando era pequeñita, tenía un mundo por conocer,
mil cosas nuevas por aprender,
lecciones de vida que me hicieran entender
que la vida no es rosa y que suele doler.

Cuando era pequeñita, debí explorar,
con un montón de niños jugar,
no querer a casa llegar,
que me dijeran «vámonos» y ponerme a llorar.

Cuando era pequeñita, eso hubiera sido lo normal.
En cambio, me tocó saber que algo en mí estaba mal,
que así no me iban a querer,
porque la gente como yo no entramos en su normalidad.

Ahora que soy grande solo quiero vomitar
cuando en todo esto me pongo a recordar.
Quizás esto no hubiera sido lo «normal»,
pero a la mierda os había tenido que mandar.

Porque yo solo tenía más intensidad.
No sabía que eso tanto iba a molestar.
Quienes tuvisteis que verlo eráis vosotros.
En cambio, también queríais hacerme cambiar.

Pobre pequeñita, que solo quería jugar,
merendar un trozo de chocolate con pan,
y no por las noches tener ansiedad
por pensar que algo en ella debía cambiar.

# COMPAÑÍA AMIGA

No quiero sentir más el frío de la soledad.
Es por eso que quiero de vuestra compañía.
Cuántas veces habré parecido fría,
pero solo era que necesitaba una amiga.

Quiero poder llorar de alegría,
encontrarme rodeada de las mías,
que me llenéis de toda mi valentía.
Es que cómo deciros que sois batería.

Me da igual cuál sea el plan.
Lo importante es podernos juntar,
brindar con copas llenas de champán
por toda nuestra felicidad.

No quiero nunca más alejarme.
No me dejéis que sea tonta y me aparte.
Aunque sé que por fin quiero quedarme,
si me pierdo, ayudadme a encontrarme.

Ayudadme, porque a veces dejo que pueda el miedo,
que me hace que no quiera veros,
pero no os lo toméis muy a pecho,
pues es todo culpa de ellos.

Echo la vista atrás y os siento hogar.
La verdad es que tenemos muchas historias por contar,
libros enteros con ellas llenar.
Ahora ya sé cuál es mi lugar.

# TERCERA PARTE

## Amor para dos

\#
Como el mar, hermoso y peligroso.
Yo, tu luna.
Cómo sabías bailarme el agua.

\#
«Cállate», me dijo.
«Cállame», pensé.
Y entre lo que no dijimos,
sin ti me quedé.

\#
Báilame despacio,
que tengo prisa.
Y de tu cuerpo me quedé prendado

\#
Hoy estoy de luto,
porque no encontré el fruto
con el que cometer pecados.

## ME GUSTAS TÚ

Me gusta cuando ríes,
iluminas mis días grises.
Me gusta cuando bailas,
alegras mi alma.

Me gusta observarte,
en ti embobarme,
pensar que esa sonrisa es por mí.
Ojalá este momento no tenga fin.

Me gusta pensarte,
escribirte,
dibujarte.
Es que eres arte.

Me gusta besarte,
sentir que eres para mí,
que nadie nos va a interrumpir,
que de mi lado no te vas a ir.

Me gusta cuando arrugas la nariz,
abrazarte y darte un kiss,
ver que eres feliz.
De ti no me puedo resistir.

Me gustan tus días malos,
tus días buenos
y los reguleros.
Me gusta hasta cuando te sientes feo.

Me gustan los domingos de sofá,
que ese sea nuestro mejor plan,
que no tengamos que hablar
para saber que estamos en paz.

# ENTONCES

Entonces, cuando el día se hace gris,
te miro y todo cambia de matiz.
Joder, qué suerte he tenido
al tenerte otro día conmigo.

Y cuando siento que no puedo más,
que todo esto me va a arrastrar,
te llamo para tu voz escuchar
y encuentro mi paz.

Me has hecho tantas veces de salvavidas,
que no creo que tenga vidas
para compensártelo con alegrías
por todas tus caricias.

Y cuando sienta que me alejo,
que no me sienta bien de nuevo,
te cogeré y me harás de amuleto,
dejaré de sentirme solo esqueleto

Entonces, cuando vea que quiero llorar,
todas las penas expulsar,
no dejar nada por callar,
sabré que, cuando vuelvas, tendré el mejor plan.

Me has hecho tantas veces de sostén
que, dime tú, cómo te lo voy a agradecer,
si no hago más que aprender
a quererte más cada día.

Entonces, cuando quiera la toalla tirar,
entre las mantas hacerme un ovillo,
cuando me sienta chiquito,
sabré que tengo alguien con quien remar.

Y cuando quiera desaparecer,
que sienta que mi paz voy a perder,
que no me quiera ni ver,
sabré que me vas a entender.

Me has hecho tantas veces de bastón,
que ya no quiero quedarme en ningún rincón,
sino contigo, disfrutando los dos
de todo este amor.

# ACOMPÁÑAME

«No me dejes sola» te grité,
que no quiero ser
una de tus ex,
que yo lo que quiero
es contigo amanecer.

«No me dejes sola», te susurré,
que yo no quiero contar
en otra espalda que no sea la tuya
los lunares que la cubran.

No me dejes aquí
cuando todo se haga gris,
porque yo sin ti no sé vivir.
¿Cómo te lo tengo que decir?

No me dejes sin tu compañía
cuando la noche se haga fría
y no sienta tu mano amiga
para acariciar la mía.

Por favor, te lo pido
con este último suspiro,
que yo sin ti no vivo.
Tienes mis versos de testigo.

Por favor, te lo imploro.
¿No ves cómo lloro?
Porque de ti todo añoro.
Es que eres mi todo.

# MI SOSTÉN

Mis ojos y mi vida entera,
qué forma tan bella
de revolverme la melena
y así disipar mis penas.

La mano amiga
que me dio la vida
y me la quitaría,
si no fuera por sus alegrías.

El brazo manso
que me tiende a su paso
y acalla mi llanto,
fundiéndonos en un abrazo.

La sonrisa que me alegra el alma,
que me hace de balanza,
me da templanza,
me devuelve mi calma.

Mi cómplice, mi compañero,
mi fiel consejero,
gracias por no dejarme salir del sendero.
Por encima de todo te prefiero.

# Unos pocos locos

Ciudades abarrotadas de gente,
y qué pena que no te tenga enfrente,
porque puede ser que, de repente,
no consiga algo que me frene.

Que me frene para no salir corriendo hacia ti,
porque en un abrazo contigo me quiero fundir,
mirarte y no parar de sonreír,
contigo una vida entera compartir.

Que el mundo se pare por nosotros
y, como si fuéramos un par de locos,
no parar de hacer el tonto
y que solo lo entiendan unos pocos.

Unos pocos locos que sepan lo que es vivir,
no querer separarse de ti,
que por las noches abrazados quieran dormir,
una vida entera con alguien construir.

# CONTIGO TODO

Acúname en tus brazos.
Déjame que me siente en tu regazo,
como cuando era un enano.
Llévame donde quieras de tu mano.

No me dejes sola en la noche.
No dejes que los malos pensamientos broten.
Por favor, hazme de bote
y conseguir así que por fin flote.

Que flote y no me lleve la corriente,
que todavía tenemos muchos amaneceres pendientes,
porque creo que es más que evidente
que todavía no hemos visto suficientes.

No tenemos suficientes recuerdos juntos.
Vamos a quitarle el final a este punto
y recorrernos si hace falta el mundo,
dejar que nuestro amor deje de estar oculto.

Vamos a gritar que nos queremos,
hacer lo imposible por vernos,
no dejar que nos echemos de menos.
Contigo quiero todo lo que tengo.

Aunque podría tener mucho más,
no me apetece tenerme que conformar.
Si es que te quiero a rabiar,
no lo puedo evitar.

# QUIERO BESOS

Besos robados consentidos
que te hacen perder el sentido,
cambian el color de tu brillo
y te dejan en un alarido.

Besos compartidos contigo,
porque eres más que un amigo.
Yo sé que serás mi marido,
sin ninguna vergüenza te lo digo.

Besos que sepan a atardeceres en la playa,
a que de mi lado nunca te vayas.
Besos que digan lo que mi corazón calla,
a mantener todos los miedos a raya.

Besos que huelan a primavera,
a estar siempre a mi vera.
Besos tan suaves como la seda,
que consiguen quitar las penas.

Besos que no sepan a despedida,
que nos hagan saber que entre nosotros no hay mentiras.
Besos de vidas compartidas.
Besos que dan vida y nunca te la quitan.

Eso es lo que quiero.
Todo tipo de besos,
porque sé que nos merecemos
mucho más que todo esto.

# CÁNTAME, BÁILAME, SUSÚRRAME

Cántame al oído
todo lo que hemos vivido,
que quiero oírlo clarito
y sentirme querido.

Bailemos pegados esta canción,
tan pegados que se haga uno el corazón
y que nuestro latido cuente por dos.
Si es que somos todo amor.

Cantemos a doble voz,
bailemos hasta que se nos caiga el sudor.
Vamos a hacernos de altavoz
para gritar todo este amor feroz.

Vamos a encerrarnos en la habitación
hasta que este amor deje de ser obsesión.
Que no quede nada a la imaginación.
Que suba tanto la temperatura
que no necesitemos calefacción.

Susúrrame al oído lo que harías conmigo
y que solo quede la luna de testigo
cuando bajes por mi ombligo,
pero no te alejes no me hagas ese castigo.

Pégate más, fundámonos en uno.
Llévame a la cama el desayuno,
que de aquí no quiero salir,
contigo en la cama quedarme a vivir.

## DESPUÉS DE ESE DÍA

Hubo un día en que miraba al atardecer
y sentía que algo en mí iba a desfallecer.
¿Cómo podía contemplar tanta belleza?
¿Cómo esos colores eran fruto de la naturaleza?
Hubo un día en que disfrutaba de los pequeños momentos,
haciéndolos grandes, como de cuentos.
Hubo un día, antes de ese día,
en que todo era una maravilla.
Pero luego llegó el día
en que tu mirada se cruzó con la mía,
en que tu mirada consiguió dejarme sin palabras,
en que ese color de ojos no tenía competencia.

Después de ese día, no vi más atardeceres,
porque tu mirada se cruzaba con la mía.
Y, joder, cómo iba a perder la oportunidad
de ver el atardecer en esos ojos.
Después de ese día, no había grandes momentos,
si no eran los que pasaba contigo.
Ahí sí que me sentía en un cuento.
Después de ese día, dejó de ser todo una maravilla
para convertirte tú en mi octava maravilla.

Después de ese día, pasé de sentir desfallecer a fallecer,
si no veía tu mirada, esa que me arruinó la vida.
Después de ese día, la vida perdería sentido,
si no estabas tú en la mía.

# Índice